Kurt van Wersch

Kochbuch
für Cabrio-Fahrer

von einfach bis feudal

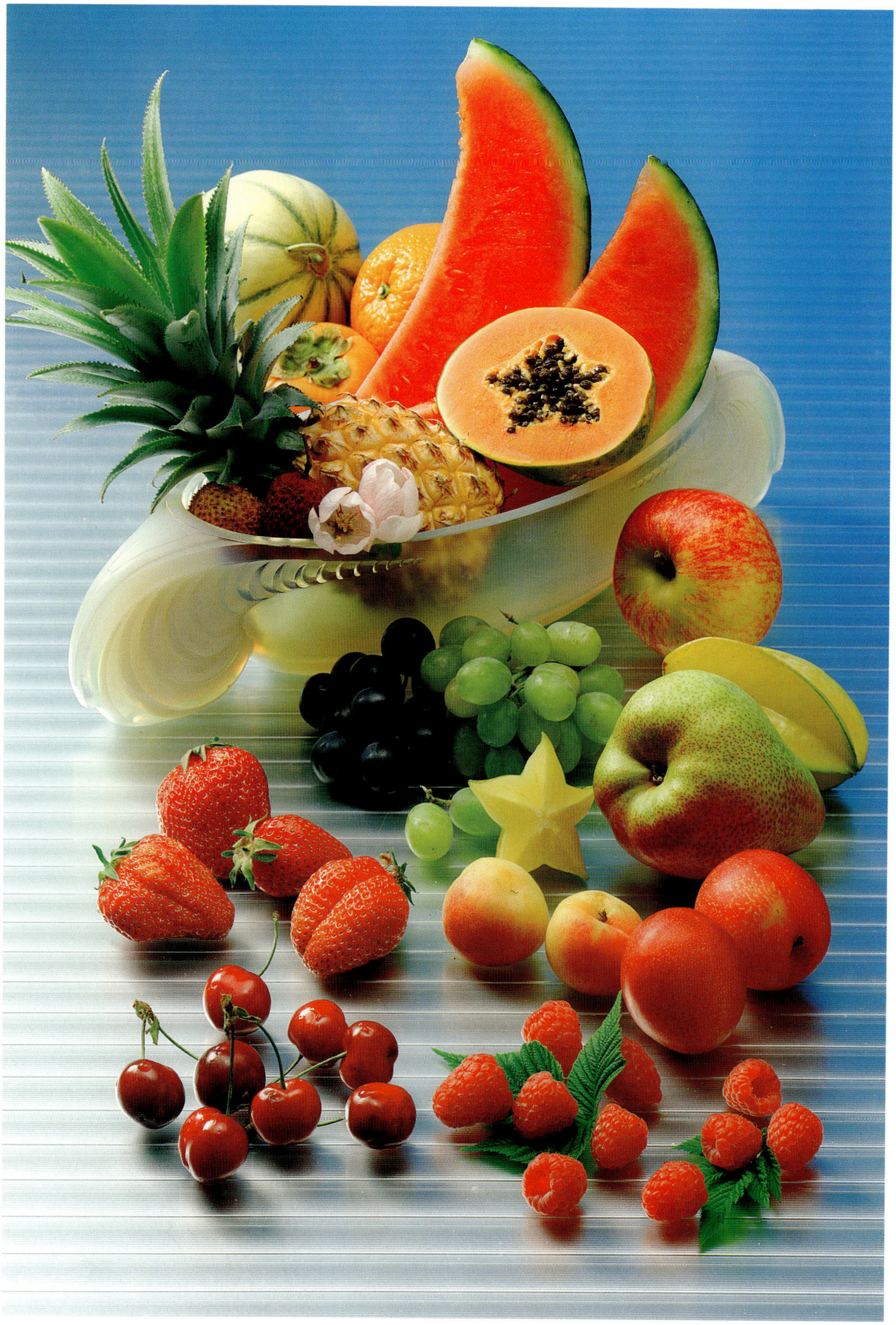

Kurt van Wersch

Kochbuch für Cabrio-Fahrer

von einfach bis feudal

Kurt van Wersch
Kochbuch für Cabrio-Fahrer
von einfach bis feudal

Vorwort	10
Rosinenbrot mit Kraut	13
Schnelle Jause	15
Bunter Salatteller	17
Salat mit Räucherfisch	19
Griechischer Bauernsalat	21
Apfel-Spargel-Salat	23
Salat Surprise	25
Zitronen-Reis-Suppe	27
Rote Beete Suppe	29
„Carpaccio" Teller	31
Überbackene Riesenbohnen	33
Spaghetti frutti di mare	35
Risotto mit Steinpilzen	37
Reibekuchen mit Stil	39
China-Pfanne	41
Muscheln Toscana	43
Lachsfilet auf Paprika	45
Kalbsfilet indonesisch	47
Lammfilet mit Fenchelgemüse	49
Kaninchen französisch	51
Mediterraner Gemüsetopf	53
Förstertopf	57
Paprikaschnitzel	59
Schnitzel à la Papa	61
Pizza–Rouladen	63
Weinempfehlungen	64
Friessecco	64
Sylvaner Spätlese trocken	64
Spätburgunder Weißherbst halbtrocken	65
Dornfelder Rotwein trocken	66
Rheinisches Original	68
Spelten`s Apfel- und Rübenkraut	68
Rumpsteak mit Spargel	71
Rehsteak mit Erbsenschoten	73
Hirschbraten Klassik	75

Wild Grillen..77
Beilagen..79
Tomaten Snack 79
Party-Brötchen Käse-Brötchen...79
Eingelegte Maggi-Eier à la Elke.......................................81
Eingelegter Schafskäse à la Heide...................................81
Schoko-Pistazien-Ensemble..83
Apfelstückchen mit Calvados...85
Bratapfel plus 87
Quark mit Beeren..89
Erdbeermus mit Vanilleeis...91
Waffeln mit Marzipaneis..93
Nachtisch in Schichten 95
Besonderer Hinweis für Oldtimer-Cabrio-Fahrer 96
Streckenverlauf 2000 Km durch Deutschland....................97
Apfel-Quark-Triffle 99
Sünde Pur Eierpfannkuchen mit Rotweinsoße 101
Bild- und Rezeptnachweis...103

*Schon Dein erster Schrei als Baby
galt der Luft, dem Licht
und der Freiheit.*

Quelle: Porsche

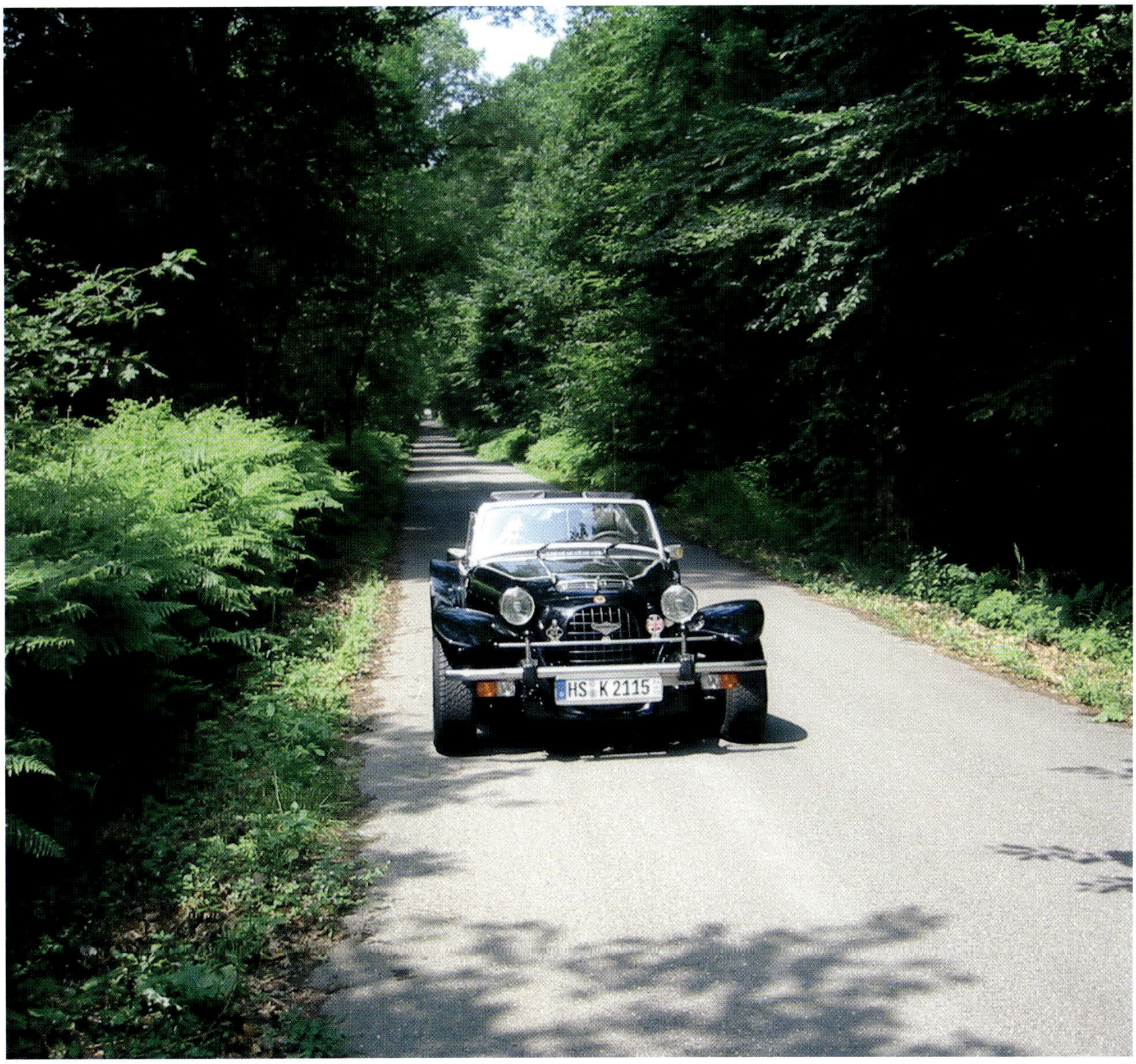
HS K 2115

Vorwort

Lieber Leser,

Sie haben eine gute Entscheidung getroffen und dieses Kochbuch für Cabrio-Fahrer zu Ihrem Eigen gemacht.

Genauso gut war Ihre Entscheidung, sich ein Cabriolet anzuschaffen oder eines anschaffen zu wollen. Sie gehören zu den Menschen, die besonders das Licht, die Sonne und die Freiheit genießen und vor allem den Umgang mit Gleichgesinnten mögen. Sie halten sich nicht gerne in engen Räumen auf sondern lieben die Schönheit und Weite der Natur sowie die „grenzenlose" Unabhängigkeit.

Sie erfüllen sich Ihre Wünsche in Ihrem Rahmen, indem Sie unter anderem mit einem Cabriolet fahren. Sie gehören ebenfalls zu den „Verrückten", die dickvermummt beim ersten Sonnenstrahl unabhängig von der Jahreszeit und Außentemperatur offen fahren. Sie unternehmen Touren mit Ihrem Cabrio alleine, in Begleitung oder mit Freunden.

Für alle diese Enthusiasten, die sich mit Gleichgesinnten treffen, neben dem Fahren auch ein gutes Essen ohne aufwendige Speisenzubereitung in geselliger Runde genießen möchten, ist dieses Kochbuch gedacht: „Das Kochbuch für Cabrio-Fahrer".

Die von Cabrio-Fahrern und von mir vorgeschlagenen Rezepte benötigen relativ wenig Aufwand, sind vor oder nach der Cabrio-Tour schnell zubereitet, um dann mit Freunden und Bekannten genüsslich zu speisen und das Cabrio-Fahrerlebnis beim Essen noch einmal Revuepassieren zu lassen. Die Liebe zu Ihrem Cabrio sollte der Liebe, „die durch den Magen geht", in Nichts nachstehen.

Die Mengen in den Rezepten werden für sechs Personen angegeben.

Auf aufwendige Photos der zubereiteten Speisen wurde verzichtet. Statt Speisenphotos präsentiere ich Ihnen bildschöne Cabriolets aus vergangener und heutiger Zeit.

Die Anordnung der Speisen sowie die Dekorationen sollten Ihrer Phantasie entstammen.

Ich wünsche Ihnen viel Freude beim Cabriofahren, beim Kochen und beim genüsslichen Speisen mit Ihren Gleichgesinnten.

Wegberg, im April 2007

Rolls-Royce 10HP, 1904

Horch Pheaton, 1901

Rosinenbrot mit Kraut

Natur, die das Leben versüsst

12 Scheiben Rosinenbrot
Butter
1 Glas Apfelkraut
1 Glas Rübenkraut

Je 2 Scheiben Rosinenbrot pro Person mit Butter bestreichen. Auf 1 Scheibe Rosinenbrot das Apfelkraut und auf die andere Scheibe Rosinenbrot das Rübenkraut auftragen.

Horch, 1906

Schnelle Jause

6 Scheiben Steinofenbrot
6 etwa ½ cm dicke Scheiben Gouda-Käse
18 dünne Scheiben Schwarzwälder-Schinken
1 Glas Cornichons
3 Tomaten
1 Zwiebel
Pfeffer, Salz und Senf
Petersilie

Tomaten vierteln, die Zwiebeln schälen und in Ringe schneiden, die Cornichons längs vierteln.
Auf je einem Holzbrett eine Scheibe Brot, eine Scheibe Käse und drei Scheiben Schinken anrichten, mit zwei gesalzenen und gepfefferten Tomatenvierteln, sowie den Zwiebelringen, Gurkenstreifen und der Petersilie garnieren.
Manche mögen auch Senf zum Käse und gemahlenen Pfeffer zum Schinken.

Imperator: der erste große Audi, 1929

Bunter Salatteller

1 Kopfsalat
1 Bund Lauchzwiebeln
3 Tomaten
1 Salatgurke
2 kleine Dosen Kidneybohnen
2 kleine Dosen Mais
3 Zwiebeln
6 hart gekochte Eier
2 Dosen Thunfisch in Öl
500g frischer Gouda

Salat waschen, in kleine Teile zerpflücken. Lauchzwiebeln putzen, äußere Blätter entfernen und in 1 cm dicke Streifen schneiden.
Gurke waschen und mit Schale in hauchdünne Scheiben schneiden.
Tomaten waschen und achteln.
Zwiebeln häuten und in dünne Ringe schneiden.
Rote Bohnen und Mais in ein Sieb geben, waschen und abtropfen lassen.
Eier pellen und in Scheiben schneiden.
Den Thunfisch abtropfen lassen.
Von jeder Zutat etwas auf einen Teller geben und mit frisch geraspeltem Gouda bedecken.

Die Soße aus:

6 EL Weißweinessig
6 EL Olivenöl
Pfeffer/Salz
1 TL Senf
2 EL leichte Majonäse
½ TL Zucker
1 Packet gefrorene Kräutermischung

darüber geben und mit frischem Baguette servieren!

Horch 830 BL Sedan-Cabriolet, 1939

Horch 420 Cabriolet, 1931

Salat mit Räucherfisch

600 g gemischte Blattsalate (z.B. Eichblatt, Lollo Rosso)
½ Salatgurke
1 Fenchelknolle
1 Bund Dill
3 EL süßer Senf
½ TL Honig
2 EL Essig
Salz, Pfeffer
6 EL Rapsöl
150 g geräucherter Lachs
300 g geräucherte Forellenfilets

Salate waschen und abtropfen lassen, in Stücke zupfen. Die Salatgurke und den Fenchel in sehr dünne Scheiben schneiden. Alles auf Tellern anrichten.
Den Dill spülen, trocknen und fein hacken, mit Senf, Honig, Essig, Salz und Pfeffer gut verrühren.
Das Öl langsam unterschlagen, bis eine sämige Soße entsteht.
Den Räucherfisch auf dem Salat verteilen, mit der Soße begießen.

DKW F7 Gerätewagen 1938 (2-Personen-Cabriolet?)

DKW F8 Front-Luxus-Cabriolet, 1939

GRIECHISCHER BAUERNSALAT

4 dicke Tomaten
1 Gurke
1 grüne und 1 rote Paprikaschote
1 Gemüsezwiebel
300 g Fetakäse
schwarze Oliven
Oregano
6 EL Olivenöl
3 EL Weinessig
Salz, Pfeffer,

Die gewaschenen Tomaten, Gurke und Paprikaschoten in Stücke schneiden. Die Zwiebel in dünne Scheiben schneiden.
Das Ganze in eine Salatschüssel geben.
Den Feta-Käse würfeln und vorsichtig unterheben.
Die schwarzen Oliven darauf garnieren und dann mit Oregano bestreuen.
Vor dem Servieren Öl, Essig, Pfeffer und Salz separat verrühren und über den Bauernsalat gießen.

AUDI Museum Ingolstadt

APFEL-SPARGEL-SALAT

1 kg Spargel
½ TL Salz
1 TL Zucker
1 TL Butter
5 säuerliche Äpfel
3 EL Zitronensaft
2 EL Majonäse
1 TL Crème fraîche
Zucker, Salz, Pfeffer
1 Bund Schnittlauch

Spargel schälen, in 3 cm lange Stücke schneiden und in wenig Wasser mit Salz, einer Prise Zucker und der Butter ca. 20 Minuten kochen. Spargel erkalten lassen.
5 Äpfel schälen, 4 ½ davon würfeln, aus ½ Apfel 6 Schiffchen schneiden.
Aus Zitronensaft, Majonäse und Crème fraîche eine Soße zubereiten.
Mit Salz, Zucker, Pfeffer und Schnittlauch würzen.
Mit den Apfel- und Spargelstücken vermischen.
In Cocktailgläser geben, mit Apfelschiffchen garnieren und servieren.

AUDI Museum Ingolstadt

SALAT SURPRISE

½ Kopfsalat
½ Rucola Salat
½ Eisberg Salat
1 dicker Apfel
3 Möhren
1 Briekäse
1 kleines Glas schwarze Oliven
1 kleines Glas grüne Oliven
½ Salat-Gurke
1 kleine Dose Mais
100 g geschälte Baumnüsse
Olivenöl, Balsamico-Essig

Den Kopfsalat und den Rucola-Salat in kleine Teile zerpflücken, den Eisberg-Salat in Streifen schneiden, die Salate waschen und gut abtropfen lassen.
Den Apfel waschen, das Gehäuse entfernen und den Apfel in kleine Scheiben schneiden. Die Möhren schälen und raspeln. Den Briekäse in mundgerechte Scheiben schneiden. Die Gurke in feine Scheiben schneiden. Den Mais in einem Sieb abspülen und abtropfen lassen. Alles in eine große Schüssel geben, die Baumnüsse hinzufügen und gut mischen.
Den gemischten Salat auf 6 Teller verteilen mit Olivenöl und Balsamico-Essig beträufeln.
Den Salat Surprise zusammen mit Baguette-Brot servieren.

Audi 80 2,6 Cabriolet, 2000

ZITRONEN-REIS-SUPPE

125 g Reis
1 l klare Hühner- oder Rinderbrühe
2 Eier
2 Zitronen
Salz

Den Reis in der klaren Hühner- oder Rinderbrühe gar kochen, die Wärmezufuhr dann abschalten.
Die Eidotter vom Eiweiß trennen und die Zitronen pressen.
Eidotter mit Zitronensaft schlagen und eine Kelle Brühe (ohne Reis) unter ständigem Schlagen dazugeben.
Dieses Gemisch wird der Reissuppe beigefügt und dann noch mal kurz erwärmt.
Mit etwas Salz abschmecken.

Audi TT Roadster, 2000

Rote Beete Suppe

1 kg frische Rote Beete
1 l klare Hühnerbrühe
1 EL Meerrettich
1 Becher Crème fraîche
Pfeffer, Salz

Die Roten Beete schälen, in kleine Würfel schneiden und in der Hühnerbrühe ca. 20 Minuten gar kochen.
Das Ganze dann pürieren , den Meerrettich dazugeben und mit Salz und Pfeffer abschmecken.
Die Hälfte der Crème fraîche einrühren, in Suppentassen einfüllen und jeweils 1 EL Crème fraîche auf die Suppe geben.
Die Suppe heiß servieren.

Audi A4 Cabriolet, 2004

„Carpaccio" Teller

600 g italienischer Bresaolaschinken oder Rauchfleisch
60 g frischer Parmesankäse
Olivenöl
Pfeffer
1 Zitrone
3 Baguette-Brote

Jeweils 100 g Bresaolaschinken auf einen Teller verteilen.
Mit Pfeffer aus der Mühle würzen.
Mit Zitronensaft und Olivenöl beträufeln und frisch gehobeltem Parmesan darüber geben.
Mit Baguette servieren.

Audi RS4 Cabriolet, 2006

ÜBERBACKENE RIESENBOHNEN

3 Dosen Weiße Riesenbohnen (Feinkost)
200 g Gratinkäse
Bechamelsoße:
3 EL Butter
4 EL Mehl
¼ l Kalbfleischbrühe
¼ l Milch
¼ l 10%ige Dosenmilch
Salz
Pfeffer
Muskat
Käsebrötchen (siehe separates Rezept)

Für die Soße:
Mehl in die erhitzte Butter geben und gut verrühren.
Nach und nach die Fleischbrühe hinzugeben und zum Kochen bringen, Milch und Dosenmilch einrühren und bei mittlerer Hitze unter ständigem Rühren kochen lassen.
Die Soße mit Salz, Pfeffer und Muskat abschmecken.
Die Riesenbohnen waschen, abtropfen lassen und in eine Auflaufform geben.
Die Bechamelsoße gleichmäßig darüber verteilen, mit Käse gut bestreuen und bei 200° im vorgeheizten Backofen 10 Minuten überbacken.
Mit den selbstgebackenen Käsebrötchen servieren.

BMW 335 Cabriolet, 1939-1941

Spaghetti frutti di mare

750 g Spaghetti
1 TL Salz
1 EL Öl
1 kg gefrorene, gemischte Meeresfrüchte
500 g Tomatenstücke aus der Dose
2 dicke Zwiebeln
6 Knoblauchzehen
2 EL Crème fraîche
1/8 l trockener Weißwein
Salz, Pfeffer, Oregano
Olivenöl
2 Baguette-Brote

Spaghetti in reichlich Wasser, 1 Teelöffel Salz und 1 Esslöffel Öl al dente kochen.
Zwiebeln und Knoblauch schälen, kleinschneiden und in heißem Olivenöl glasig braten. Die Meeresfrüchte dazugeben und etwa 5 Minuten dünsten.
Mit Wein ablöschen, die Tomatenstücke dazugeben und aufkochen lassen.
Mit Salz, Pfeffer und Oregano abschmecken, Crème fraîche einrühren.
Die fertigen Spaghetti abschütten und mit 2 EL Olivenöl noch mal kurz im Topf schwenken, dann mit der Soße und Baquette servieren.

BMW 503 Cabriolet, 1956-1959

BMW 507, 1955-1959

Risotto mit Steinpilzen

300 g frische Steinpilze
2 kl. Zwiebeln
2 Knoblauchzehen
150 g Butter
600 g Rundkornreis
150 ml Weißwein
150 g Parmesankäse
1 ¼ l Fleischbrühe

Die frischen Steinpilze säubern und klein schneiden. Zwiebel und Knoblauch würfeln und in ca. 75 g Butter mit den Steinpilzen leicht dünsten.
Den Reis zugeben und ca. 3 Minuten glasig dünsten, danach den Weißwein zugeben und unter Rühren leicht aufkochen.
Die Fleischbrühe separat zum Kochen bringen. Die Fleischbrühe wird nach und nach dem Reis zugegeben.
Das Ganze aufkochen und dann noch ca. 15 Minuten bei kleiner Hitze unter gelegentlichem Umrühren quellen lassen. Die restliche Butter und den Parmesankäse unterrühren.
Das Risotto ist gelungen, wenn der Reis breiartig ist, und die Körner noch etwas Biss haben.

BMW Z8 seit 2000, BMW 507, 1955-1959

BMW Z1, Z3, Z8, Z4

Reibekuchen mit Stil

1250 g große Kartoffeln
4 Zwiebeln
3 Eier
Salz
Öl zum Braten
Crème fraîche
Gebeizter Lachs
Krabben
Lachskaviar

Kartoffeln und Zwiebeln schälen und fein reiben. Die Eier unterrühren und den Teig mit Salz abschmecken. Das Öl in der Pfanne erhitzen und den Kartoffelteig löffelweise in die Pfanne geben, sodass kleine, dünne Kuchen entstehen, die goldgelb von beiden Seiten gebacken werden.
Pro Person werden mindestens 3 Reibekuchen serviert. Jeder Reibekuchen bekommt auf die Mitte 1 gestrichenen Teelöffel Crème fraîche und darauf 1 Scheibe Lachs, auf den nächsten 1 Teelöffel Krabben und auf den dritten 1 Teelöffel Kaviar.

BMW 320i Cabriolet, 2002

BMW 3er Cabriolet, 2003

CHINA-PFANNE

500 g Puten- oder Hühnerbrustfilet
Chinawürzmischung
2 EL Sesamöl
1 dicke Zwiebel
1 Knoblauchzehe
1 Stange Porree
1 Glas Mungobohnenkeimlinge
2 TL Mangochutney
¼ l Sojasoße
1 Flasche süß-saure Chinasoße
Pfeffer, Salz
3 Kochbeutel Natur- und Wildreis (Reisfit)

Fleisch in Streifen schneiden, mit Chinawürze würzen und im Öl anbraten.
Zwiebeln, Knoblauch und Lauch schälen, klein schneiden, zum Fleisch geben und unter Rühren leicht anbraten.
Die Mungobohnenkeimlinge und das Mangochutney dazugeben und mit Sojasoße und Chinasoße auffüllen.
Bei kleiner Hitze 15 Minuten garen, mit Salz und Pfeffer abschmecken.
Gleichzeitig 2 Liter Wasser mit 1 Teelöffel Salz zum Kochen bringen. Den Reis darin 25-30 Minuten garkochen.

教育部國語辭典

查詢加壓蒸汽速煮器的結果如下

找不到符合的詞彙

BMW 645 Ci Cabriolet, 2004

BMW 650i Cabriolet, 2005

Muscheln Toscana

2 kg Miesmuscheln
4 EL Olivenöl
2 kleine Zwiebeln
4 Knoblauchzehen
2 Dosen Tomaten in Stücke ca. 400 g
1/3 l Weißwein
1 Bund Petersilie
3 EL Basilikum
1 kg Bandnudeln

Muscheln putzen und die Bärte entfernen (geöffnete Muscheln aussortieren und verwerfen).
In einem größeren Kochtopf 4 EL Olivenöl erhitzen und darin 2 kleine, in feine Ringe geschnittene Zwiebeln und die vorher gepressten Knoblauchzehen dünsten.
Danach werden 2 Dosen Tomaten in Stücken, Weißwein, feingehackte Petersilie und Basilikum dazugegeben, kurz aufkochen und 15 – 20 Minuten bei mittlerer Hitze etwas eindicken lassen.
Die Muscheln dazugeben und mit geschlossenem Deckel weitere 7 Minuten kochen, die Muscheln mehrmals wenden.
Die Bandnudeln nach Packungsanweisung kochen.
Die Bandnudeln auf 6 große Teller verteilen und die Muscheln mit reichlich Soße dazugeben (nicht geöffnete Muscheln entfernen).

Goggomobil Coupe Roadster TS, 1968

Lachsfilet Auf Paprika

2 Gemüsezwiebeln
6 Knoblauchzehen
3 rote Paprika
3 gelbe Paprika
6 Lachsfilets a 200g
Olivenöl
Bratfisch-Gewürzmischung
Pfeffer, Salz

Zwiebeln und Knoblauch schälen und würfeln.
Die Paprika putzen, entkernen und in mundgerechte Stücke schneiden.
Die Lachsfilets mit Bratfischgewürz würzen und etwa 3 Minuten pro Seite bei nicht zu starker Hitze mit Olivenöl in der Pfanne braten.
Zwiebeln, Knoblauch und die Paprikastücke dazugeben und garen. Die Paprika sollte noch ein wenig Biss haben. Mit Salz und Pfeffer abschmecken.
Etwas Paprika auf einen Teller geben, darauf den Lachs legen und servieren.
Dazu schmeckt jede Art von Reis.

Mini Cooper Cabriolet, 2004

46

Kalbsfilet Indonesisch

1 kg Kalbsfilet
frisch gemahlener Pfeffer
Rapsöl
2 große, reife Mango (800 g)
2 EL Sojasoße
5 EL Weißwein
5 EL Mangosaft
Salz
Curry
Ingwer
Speisestärke
3 Beutel Natur- und Wildreis (Reisfit)

Drei Liter Wasser mit 1 ½ TL Salz zum Kochen bringen. Den Reis darin 25 - 30 Minuten garen.
In der Zwischenzeit das Kalbsfilet kalt abspülen, trocknen, pfeffern und in dem heißen Rapsöl von allen Seiten gut anbraten. Mit Weißwein und Mangosaft ablöschen.
Die geschälten und gestückelten Mangos hinzugeben und bei mittlerer Hitze garen.
Das Filet in Alufolie im vorgeheizten Backofen bei 150° 1o Minuten nachgaren lassen.
Den Bratenfond mit Sojasoße, Salz, Curry und Ingwer abschmecken. Evtl. mit etwas Speisestärke abbinden.
Fleisch in 2 cm dicke Scheiben schneiden, mit Soße übergießen und servieren.
Den Reis gut abtropfen lassen und in einer Schale servieren.

Mercedes-Benz 500K, 1933-1939

Mercedes-Benz 500K Roadster

Lammfilet mit Fenchelgemüse

12 Lammfilets à ca. 125 g
6 frische Fenchelknollen
24 kleine junge Kartoffeln
1/8 l Weißwein (trocken)
1 TL getrockneter Rosmarin
1 frischer Zweig Rosmarin
½ TL Gemüsebrühe
2 EL Butter
getrocknete Kräuter der Provence
4 EL Olivenöl

Fenchelknollenstiele abschneiden, vom zarten Grün etwas beiseite legen, äußere braune Stellen entfernen und die harten Rippen der Außenblätter abziehen.
Fenchel gründlich waschen und die Knollen halbieren. Das Wasser und den Wein mit dem halben Teelöffel Gemüsebrühe zum Kochen bringen.
Den Fenchel und das Grün zugedeckt bei milder Hitze weichkochen. Den garen Fenchel abgießen und in eine vorgewärmte Schüssel geben.
Zwei Esslöffel Butter zerlassen, über den Fenchel geben und mit dem Grün bestreuen.
Die Kartoffeln gründlich waschen und mit der Schale gar kochen.
Die gekochten Kartoffeln in einer Pfanne mit Butter und einem TL Rosmarin schwenken.
Das Lammfilet mit kaltem Wasser waschen und mit einem Küchentuch trocken tupfen.
Die Filets mit Salz und Pfeffer aus der Mühle und den Kräutern der Provence würzen.
4 EL Olivenöl in einer großen Pfanne erhitzen und die Filets unter starker Hitze ca. 3 Minuten je Seite braten.
Anschließend ca. 5 Minuten in Alufolie nachgaren lassen.
Filets herausnehmen, auf einer Platte anrichten, mit dem Zweig Rosmarin garnieren. Dazu den Fenchel und die Kartoffeln servieren.

Mercedes-Benz 300 SL, 1957-1963

Mercedes-Benz 280 SL, 1963-1971

Kaninchen französisch

6 Kaninchenhinterläufe
Pfeffer, Salz
2 Salbeiblätter
2 Rosmarinzweige
6 Knoblauchzehen
3 kleine Zwiebeln
1/8 l Hühnerbrühe
1/8 l trockenen Weißwein
6 große Scheiben ungesüßtes Weißbrot
Olivenöl
Speisestärke

Die Kaninchenschenkel kräftig von allen Seiten anbraten, Zwiebeln und Knoblauch dazu geben und diese goldbraun werden lassen.
Mit Wein und Brühe ablöschen, die Kräuter dazu geben und ca. 30 Minuten bei mittlerer Hitze garen.
Die Schenkel herausnehmen, die Soße durch ein Sieb in einen Topf geben, aufkochen lassen und evtl. mit etwas Speisestärke binden.
Die Weißbrotscheiben in etwas Olivenöl in der Pfanne goldbraun braten, auf Tellern anrichten und jeweils mit Kaninchen und Soße belegen.

Mercedes-Benz CLK

MEDITERRANER GEMÜSETOPF

Für die Lammlachse:

12 Lammlachse à ca. 100 g
Thymian
Rosmarin
1 Knoblauchzehe
1 EL Petersilie
Olivenöl

für das Gemüse:

2 rote Paprika
2 gelbe Paprika
2 Zucchini
1 kleine Beutel Schalotten
6 Sellerie Stangen
500 g kleine Champignons
2 dicke Knoblauchzehen
1 Bund Frühlingszwiebeln
Rosmarin
Thymian
1/2 Bund Petersilie
2 Lorbeerblätter

Lammlachse mit Thymian, Rosmarin, einer fein gehobelten Knoblauchzehe, Petersilie und Olivenöl einen halben Tag marinieren. Öfter wenden.
Die Paprika und die Zucchini waschen, entkernen und in Rhomben schneiden.
Die Schalotten schälen und senkrecht vierteln.
Die Selleriestauden von äußeren Sehnen befreien und in 2 cm lange Stücke schneiden.
Die Champignons waschen und halbieren.
Die Knoblauchzehen enthäuten und in Stifte schneiden.
Die Frühlingszwiebeln waschen, äußere Blätter entfernen, in 1/2 cm große Stücke schneiden.

(Fortsetzung nächste Seite)

Mercedes-Benz SLK

MEDITERRANER GEMÜSETOPF

(Fortsetzung)

Das Gemüse mit Rosmarin, Thymian und Petersilie in gutem Olivenöl bei mittlerer Hitze ca 15 Minuten schmoren.
Mit Salz und Pfeffer aus der Mühle würzen.
Die Lammlachse aus der Marinade nehmen, trocken tupfen und in sehr heißem Öl beidseitig braten, salzen und pfeffern und auf das fertige Gemüse geben.

Mercedes-Benz SL

FÖRSTERTOPF

3 große Schnitzel à ca 250g
¼ l Fleischbrühe
0,02 l Jägermeister
1 mittlere Dose Champignons
1 kleine Dose Pfifferlinge
1 große Dose Erbsen und Möhren extra fein
2 EL Fett zum Braten
1 große Zwiebel
Salz und Pfeffer
2 Pakete Semmelknödel à 6 Stück

In einem großen Topf das Fett erhitzen und die gehackte Zwiebel andünsten.
Die Schnitzel in 5 cm lange und 2 cm breite Streifen schneiden und zu den Zwiebeln geben. Das Fleisch unter ständigem Wenden ca. 15 Minuten bei mittlerer Hitze braten.
Mit einem Jägermeister und ¼ Liter Fleischbrühe ablöschen.
Die abgetropften Erbsen und Möhren, die Champignons und die Pfifferlinge zugeben und bei mäßiger Hitze ca. 10 Minuten garen. Mit Salz und Pfeffer abschmecken.
Die Semmelknödel nach Packungsanleitung zubereiten und dazu servieren.

Mercedes-Benz CLK

Paprikaschnitzel

6 Schweineschnitzel
1 großes Glas rote Paprika
4 kleine Dosen Tomatenmark
1 kleine Flasche Ketchup (Tomate)
1 kleines Glas Gurken
8 Eier (6 Stück hart kochen, 2 Stück fürs Panieren)
1 Zwiebel
3 TL klare Gemüsebrühe
1 Paket Backofen-Pommes
Salz, Pfeffer und Paprika
Crème fraîche
Paniermehl
1 Dose Krautsalat

Die Schnitzel mit Pfeffer und Salz würzen, in 2 geschlagenen Eiern wenden und panieren. Die Schnitzel bei mittlerer Hitze goldbraun braten. Für die Paprikasauce 1 gehackte Zwiebel in einem Topf mit etwas Fett andünsten, dann mit 300 ml klarer Gemüsebrühe ablöschen.
Die in Streifen geschnittene Paprika und die kleingeschnittenen Gurken dazugeben. Tomatenmark und Ketchup unter Rühren zugeben.
6 hartgekochte, kleingehackte Eier langsam unterrühren, mit Paprika, Salz und Pfeffer abschmecken. 1 EL Crème fraîche hinzufügen und unter ständigem Rühren erwärmen.
Die Pommes nach Anweisung im Backofen zubereiten. Als Beilage den Krautsalat auf separate Teller geben.
Die Schnitzel gut mit der Paprikasauce bedecken und mit Pommes servieren.

Mercedes-Benz Detroit Concept Car, 2007

SCHNITZEL À LA PAPA

12 ca. ½ cm starke Scheiben Fleisch vom gelösten Kotelette
2 Eier
Salz, Pfeffer, Paniermehl
4 EL Margarine
12 Scheiben Schinkenspeck, dünn geschnitten
12 Scheiben Emmentaler Schmelzkäse

Schnitzel mit Pfeffer und Salz würzen, in zwei geschlagenen Eiern wenden und panieren.
Die Schnitzel in 2 Pfannen in Margarine bei mittlerer Hitze goldbraun braten.
Danach mit Schinkenspeck und Käse belegen und kurz aufwärmen bis der Käse zerlaufen ist.
Dazu passen Backofen-Kroketten, jegliches Gemüse der Saison sowie frischer Salat.

Opel Baujahr 1911

Opel Baujahr 1933

62

Pizza–Rouladen

6 Kalbsrouladen
6 kl. Scheiben holländischer Käse
6 TL Senf
2 kl. Dosen Tomatenmark
1 rote Paprika
1 kl. Zwiebel
1 Glas Kalbsfond
Rapsöl, Sahne
getrockneter Oregano, Pfeffer und Salz

Paprika in kleine Stückchen und Zwiebel in Ringe schneiden. Die Rouladen ausbreiten, flach drücken und leicht salzen. Sie werden nacheinander mit Senf und Tomatenmark eingerieben. Es folgt die Scheibe Käse (der Käse sollte nicht überstehen). Auf den Käse die Paprikastückchen und kleine Zwiebelringe legen und mit Oregano bestreuen.
Das belegte Rouladenfleisch aufrollen und mit Rouladennadeln oder Rouladenklammern festmachen, auch die Seiten, da sonst der schmelzende Käse ausläuft. Die Kalbsrouladen in Rapsöl 4-5 Minuten anbraten, danach 150 ml Weißwein und 150 ml Kalbsfond hinzugeben.
Das Ganze bei mittlerer Hitze 12 - 15 min im geschlossenen Topf schmoren lassen. Rouladen herausnehmen und warm halten.
Die Soße mit Sahne und etwas Tomatenmark binden, gegebenenfalls etwas eindicken lassen.
Mit Pfeffer und Salz abschmecken.
Rouladen und Soße separat servieren.
Als Beilage werden Nudeln (Farfalle) empfohlen.

WEINEMPFEHLUNGEN

Es muss nicht immer ein Wein mit äußerst wohlklingendem Namen und Bekanntheitsgrad sein, wie z. B. Barolo, Barbaresco oder Shiraz.
Wir haben in Deutschland hervorragende Rot- und Weißweine mit einem guten Preis-Leistungsverhältnis. Vier dieser deutschen Produkte möchte ich Ihnen vorstellen. Vielleicht werden Sie diese Weine einmal probieren und, wie ich, ein Liebhaber dieser Weine werden. Welcher Wein zu welchen Speisen getrunken wird, ist Ihrem Geschmack überlassen. Wie oft habe ich schon erlebt, dass meine spanischen Freunde einen gehaltvollen Rotwein zum Fisch wählten und bei mir damit Begeisterung auslösten.

FRIESSECCO

Ist eine Alternative zum Prosecco, ein perlendes und spritziges Vergnügen für die Sommer- monate. Gut gekühlt ist Friessecco ein weißer, trockener, fruchtiger und spritziger Perlwein, der sich besonders gut als Einstieg zu einem leichten Essen eignet.
Preis ca. 5,- €

SYLVANER SPÄTLESE TROCKEN

Dieser Sylvaner ist als säuredezenter Wein mit feinem Bukett zu bezeichnen. Ein Wein, der in guten Jahren auch höchste Güte erzielt.
Er eignet sich besonders zu hellem Fleisch, Fisch und Spargelgerichten.
Preis ca. 4,- €

Spätburgunder Weissherbst Halbtrocken

Dieser Wein wird hergestellt aus einer der ältesten Rotweinsorten; der Spätburgunder Traube, die hell gekeltert wird. Der Wein ist lachsfarben, angenehm in der Säure und sehr bekömmlich. Die beste Trinktemperatur ist 10°-12°C. Er passt ebenso gut zu dunklem als auch zu hellem Fleisch.
Preis ca. 4,- €

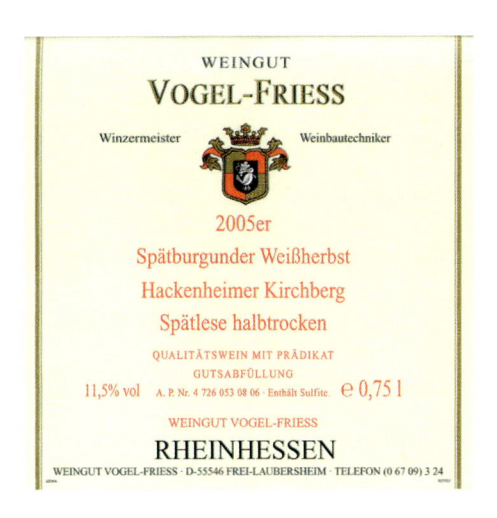

Friessecco, Sylvaner Spätlese trocken und der Spätburgunder Weißherbst halbtrocken sind Produkte des Weingutes Vogel-Friess aus Rheinhessen.
Mitten im alten Ortskern des über 1200 Jahre alten Weindorfs finden Sie dieses Weingut.
Die Familie Vogel-Friess bewirtschaftet ihr Weingut seit mehreren Generationen und hat es sich zur Aufgabe gemacht, qualitativ hochwertige Weine zu erzeugen.
Die Hauptverantwortlichen sind Winzermeister und Weinbautechniker.

Adresse:
Weingut Vogel-Friess
Rathausstraße 22
55546 Frei-Laubersheim
E-Mail: Weingut-Vogel-Friess@gmx.de

DORNFELDER ROTWEIN
TROCKEN

Dieser Dornfelder zeichnet sich als tiefdunkler und kräftiger Rotwein aus, mit einem sehr angenehmen Abgang. Empfohlene Trinktemperatur ca. 18° C. Ein Rotwein, der mit vielen „Ausländern" mithalten kann.
Preis ca. 5,-€
Anbaugebiet: Pfalz

Dort, wo majestätisch die Ruine des ehemaligen Klosters Limburg als geschichtsträchtiges Kleinod den Fremden grüßt, nahm die historische Entwicklung dieser Winzer e. G. ihren Anfang.
Wo sich heute Tradition und Fortschritt begegnen, gründeten vor über 100 Jahren Dürkheimer Winzer eine Erzeugergemeinschaft und gaben ihr den Namen „Vier Jahreszeiten".
Im Anbau befinden sich heute alle für die Pfalz typischen Rebsorten und bieten dem Weinfreund eine breite Palette geschmacklicher Nuancen.

Adresse:

Vierjahreszeiten Winzer e.G.
Limburgstr. 8
67098 Bad Dürkheim
E-Mail: info@vj-wein.de

Hinweis:

Für die aktiven Fahrer sollten Sie selbstverständlich alkoholfreie Getränke im Kühlschrank haben.

Weinprobe am Clubhaus

RHEINISCHES ORIGINAL

SPELTEN´S APFEL UND RÜBENKRAUT

Seit 100 Jahren stellt die Krautfabrik Spelten im niederrheinischen Holtum Sirup aus Zuckerrüben Äpfeln und Birnen her. Der köstliche Brotaufstrich ist vom heimischen Frühstücks- und Kaffeetisch nicht mehr wegzudenken.
Schon früh war sie da: die Vorliebe für diesen süßen dunkelbraunen Brotaufstrich, der reich an Mineralstoffen und Spurenelementen ist.
Die Zuckerrüben, Äpfel und Birnen kommen aus der Region der Eifel, der Kempener Platte oder aus dem Raum Meckenheim und werden nach ökologisch integrierten Gesichtspunkten angebaut.

Tipp 1: Apfelkraut und Rübenkraut geben vielen Speisen und Soßen erst den richtigen Pfiff.

Tipp 2: Der Knorle-Essig, hergestellt aus dem Saft der Zuckerrübe, ist ein Geheimtipp für Gourmets und Hobbyköche.

Zu erhalten ab Fabrik und in den umliegenden Hofläden.

Adresse:
Spelten Apfel- und Rübenkrautfabrik
Marktstraße 15 , 41844 Wegberg – Holtum
E-Mail info@krautfabrik-spelten.de

Essig
ORIGINAL
Spelten's
Rheinisches
Zuckerrübenkraut
ORIGINAL
Spelten's
Rheinisches
Apfelkraut

Panther J72, 1972-1980

Rumpsteak mit Spargel

6 Rumpsteaks
2 kg frischer Spargel
3 TL Zitronensaft
Salz, Zucker
125 g Butter
100 g Kräuterbutter
24 kleine, frische Kartoffeln

Den frischen Spargel schälen und in reichlich Wasser mit Salz, Zucker und Zitronensaft ca. 20 Minuten garen.
Öl in die Pfanne geben und stark erhitzen. Die Steaks darin von jeder Seite 4-5 Minuten braten, mit Salz und Pfeffer aus der Mühle würzen, auf Tellern anrichten und mit der Kräuterbutter belegen.
Den fertigen Spargel dazugeben und mit ausgelassener Butter begießen.
Als Beilage bieten sich hier Pellkartoffeln aus frischen, kleinen Kartoffeln an.

Panther Aeros, 1978

Panther Caro, 1978

Einzelstücke auf Basis des Panther Lima, 1976-1980

REHSTEAK MIT ERBSENSCHOTEN

6 Rehsteaks geschnitten aus der Keule
4 EL Rapsöl
Pfeffer, Salz, Rosmarin, Thymian
600 g Kartoffelecken
500 g Erbsenschoten
2 EL Butter

Kartoffelecken goldgelb braten und die Erbsenschoten ca. 10 Minuten in heißem Wasser garen, abschütten, mit Salz und Pfeffer abschmecken, ein Stück Butter darüber geben.
In der Zwischenzeit das Fleisch waschen, trocken tupfen und mit Pfeffer, Salz, Rosmarin und Thymian würzen.
Das Öl erhitzen und die Steaks jeweils 3 - 4 Minuten je Seite braten (die Steaks sollten innen noch leicht rosa sein).

Panther Kallista 2,8 L, 1987

Hirschbraten Klassik

1200 g Hirsch aus der Keule geschnitten
1/8 l trockener Rotwein
3/8 l Wildfonds
3 Zwiebeln
1 Glas Pfifferlinge
3 Tomaten
1 Becher saure Sahne
3 EL Rapsöl
Pfeffer, Salz, Wildkräutergewürz, Soßenbinder
500 g Spätzle
1 großes Glas Rotkohl

Zwiebel schälen und in kleine Würfel schneiden.
Die Tomaten kurz in kochendes Wasser geben und die Schale ablösen, die Tomaten würfeln.
Das Hirschfleisch waschen, trocknen, mit Salz, Pfeffer und Wildkräutergewürz würzen, dann in einem Bratentopf mit heißem Rapsöl von allen Seiten gut anbraten.
Die Zwiebel- und Tomatenwürfel dazugeben und etwas andünsten. Den Rotwein und Wildfonds angießen.
Den Braten ca. 50 Minuten bei mittlerer Hitze im abgedeckten Topf garen lassen.
Die Pilze dazugeben und weitere 20 Minuten garen lassen.
Das Fleisch herausnehmen und kurz warm stellen.
In den Bratenfond die saure Sahne einrühren, mit Salz und Pfeffer abschmecken, eventuell mit etwas Soßenbinder andicken.
Den Rotkohl und die Spätzle nach Packungs-
anweisung zwischendurch
fertig stellen.

Porsche 356 A Carrera Cabriolet, 1956

Porsche 911 Carrera 4 Cabriolet

WILD GRILLEN

Kräuterbutter:
250 g Butter
200 g Philadelphia Doppelrahm-Frischkäse
6 Knoblauchzehen
1 Bund Schnittlauch

6 Wildschweinwürstchen
6 Hirsch-Steaks
6 Rehfilets
6 Lammfilets
4 TL Kräuter der Provence
6 EL Olivenöl

Butter, Frischkäse, die geschälten und gepressten Knoblauchzehen sowie den gewaschenen und kleingehackten Schnittlauch vermischen.
Die Hirsch-Steaks, Rehfilets- und Lammfilets kalt abwaschen und trocknen. Mit einer Kräuter-der-Provence-Ölmischung einpinseln.
Je nach Wunsch „medium" oder „well done" grillen.
Mit Salz und Pfeffer aus der Mühle würzen.
Die Kräuterbutter kann zum Fleisch oder auf Brot angeboten werden.
Frische Salate und kleine, nach dem Garen in Butter geschwenkte Pellkartoffeln sind hierzu eine köstliche Beilage.

Porsche Boxster Cabriolet

Beilagen

Tomaten Snack

1 Dose frischer Brötchenteig mit 6 Portionen
24 Scheiben Mozzarellakäse
6 Tomaten
24 kleine Scheiben Salami
getrockneter Oregano
Tomatensalz

Die Teigscheiben aus der Packung nehmen, halbieren und diese Hälften zu rundlichen Scheiben formen.
Im vorgeheizten Backofen bei 180 °C 10 Minuten backen.
Danach die Brötchen halbieren und mit der geschnittenen Seite nach oben wieder auf das Backblech legen
Die Tomaten in 24 Scheiben schneiden, mit Oregano und Tomatensalz würzen.
Jede Brötchenhälfte mit 1 Scheibe Salami, Tomate und Mozzarella belegen und weitere 5 – 7 Minuten backen.
Warm servieren.

Party-Brötchen Käse-Brötchen

2 Dosen frischer Brötchenteig mit 6 Portionen pro Dose
200 g Gratinkäse
2 Scheibe gekochten Schinken (würfeln)
4 Scheiben Salami (würfeln)

Teigscheiben vierteln und hiervon die Hälfte zu Kugeln formen und diese in Gratinkäse wälzen.
Die andere Hälfte der Teigviertel wird mit Salamiwürfel oder Schinkenwürfel gefüllt und dann ebenfalls zu Kugeln geformt.
Die Brötchen werden bei 180 °C im vorgeheizten Backofen 15 Minuten gebacken. Der Käse sollte goldgelb sein.

Porsche 911 Carrera S Cabriolet

Eingelegte Maggi-Eier à la Elke

12 Eier
1/3 Olivenöl
1/3 Balsamico Essig
1/3 Maggi
Mengen abhängig vom Gefäß
2 Zweige Rosmarin
2 Zweige Thymian
2 Zweige Majoran

Eier hart kochen, abschrecken und pellen.
Die Eier in ein passend großes Gefäß geben,
dieses zu einem Drittel mit Olivenöl, einem weiteren Drittel mit Balsamico Essig und einem letzten Drittel mit Maggi füllen.
Die frischen Kräuter zugeben und umrühren.
Das Ganze 3 Tage stehen lassen.
Bitte einmal am Tag umrühren.

Eingelegter Schafskäse à la Heide

600 g Schafskäse
6 kleine Zwiebel
12 schwarze Oliven
2 Zweige Rosmarin
2 Zweige Thymian
2 Zweige Majoran
Olivenöl

Den Schafskäse in Stücke schneiden, die Zwiebeln schälen und in Ringe schneiden.
Den Schafskäse in ein Glas geben, die frischen Kräuterzweige, die Zwiebelringe und die Oliven dazu geben und das Ganze mit Olivenöl zudecken.
Drei Tage ziehen lassen.

Porsche Boxster Cabriolet

Porsche Carrera 4S Cabriolet

SCHOKO-PISTAZIEN-ENSEMBLE

7 Eier
100 g Butter
150 g Zucker
150 g gehackte Pistazienkerne
75 g Paniermehl
150 g geriebene Schokolade
2 EL Kakao
5 EL Wasser
Sahne aus der Sprühdose
Schokostreusel- oder -raspel

Eigelb vom Eiweiß trennen (Eiweiß aufbewahren).
Die Butter mit dem Zucker und dem Eigelb schaumig rühren.
Die Pistazien mit dem Paniermehl, der Schokolade und dem Kakao zugeben und weiter rühren.
Das Eiweiß mit dem Wasser zu einem festen Schnee schlagen.
Den Eischnee unter die Masse rühren.
Den Teig in eine etwas größere gefettete Form füllen und bei 600 Watt 10 bis 15 Minuten in der Mikrowelle garen.
Etwas abkühlen lassen, mit Sahne und Schokostreuseln oder –raspeln bestreuen.

Volkswagen Cabriolet, 1949-1972

Volkswagen 1303 Cabriolet, 1972-1980

APFELSTÜCKCHEN MIT CALVADOS

4 dicke Äpfel
¼ l Wasser
2 EL Zucker
2 TL Zitronensaft
12 EL Calvados

Äpfel schälen, entkernen und in 2 cm dicke Scheiben schneiden.
Die Apfelscheiben in einem Topf mit dem Wasser, dem Zucker und dem Zitronensaft je nach Apfelsorte 10 - 15 Minuten kochen (die Apfelscheiben dürfen nicht zerfallen).
Abkühlen lassen, auf 6 Dessertteller verteilen und mit je 2 EL Calvados übergießen.

Volkswagen Karmann Ghia Cabriolet, 1973

Volkswagen Golf 1 Cabriolet, 1980-1992

Bratapfel plus

6 Äpfel (à ca. 200 g)
6 EL Rosinen
6 TL Mandeln, gehackt
6 TL weiche Butter
6 TL Zimt-Zucker-Gemisch
0,02 l Calvados
fertige Vanillesoße

Die Äpfel waschen und das Kerngehäuse durch Ausstechen entfernen.
Die Rosinen mit den gehackten Mandeln, der Butter und dem Zimt-Zucker-Gemisch vermengen.
Die Äpfel auf einen passenden Teller geben und mit der Rosinenmischung füllen.
Bei 600 Watt in 7 - 8 Minuten in der Mikrowelle garen. Herausnehmen, auf einzelne Teller verteilen, mit einigen Tropfen Calvados beträufeln, mit Vanillesoße übergießen und warm servieren.

Volkswagen Golf A4 Cabriolet

Volkswagen Golf Cabriolet

Quark mit Beeren

1 kg Magerquark
2 Päckchen Vanillezucker
4 EL Zucker
5 EL Milch
250 g Sahne
1 Beutel tiefgefrorene gemischte Beeren

Quark mit Vanillezucker, Zucker und Milch mischen.
Die Sahne steif schlagen und unter den Quark heben.
Die aufgetauten Beeren in einem Sieb abschütten.
Die Quarkspeise in Dessertschalen geben und die Beeren darauf verteilen.

Volkswagen New Beetle Cabriolet

ERDBEERMUS MIT VANILLEEIS

500 g Erdbeeren
12 Bällchen Vanilleeis
Sekt
200 g geschlagene Sahne

Erdbeeren waschen, 6 Erdbeeren zum Garnieren ganz lassen, die restlichen Erdbeeren entstielen und kleinschneiden.
Mit einem Pürierstab zu Mus verarbeiten.
Je 2 Bällchen Vanilleeis in Eisbecher füllen, das Erdbeermus darüber geben, mit einem Schuss Sekt übergießen und mit Sahne und der ganzen Erdbeere garnieren.

Volkswagen Cabriolet Eos, 2006

Waffeln mit Marzipaneis

200 g Butter
1 Prise Salz
4 Tropfen Zitronenaroma
4 Eigelb
4 Eiweiß
50 g Zucker
200 g Mehl
1 Päckchen Backpulver
¼ l Sahne
Marzipaneis
Amaretto

Butter, Salz, Zitronenaroma und Eigelb schaumig rühren.
Den Zucker dazugeben, dann das Mehl mit dem Backpulver unterrühren.
Das Eiweiß steif schlagen.
Die Sahne steif schlagen.
Die Sahne und das Eiweiß locker unterheben.
Je 2 gehäufte EL Teig im erhitzten Waffeleisen goldbraun backen.
Pro Person eine fertige Waffel auf einen Teller legen, das Marzipaneis darauf geben und mit etwas Amaretto beträufeln.
Die Waffeln schmecken aber genauso gut, nur mit Puderzucker oder Schokoladensauce.

Rolls-Royce Phantom, 1923

NACHTISCH IN SCHICHTEN

1 Glas Sauerkirschen
500 g Quark
3 EL Zucker
½ Flasche Eierlikör
3 Becher Sahne à 200 g
3 Tüten Sahnesteif
375 g gutes Schokomüsli

Sauerkirschen abtropfen lassen und in eine Schüssel geben.
Den Quark mit Zucker glatt rühren, und auf die Sauerkirschen verteilen.
Vorsichtig ½ Flasche Eierlikör darüber gießen.
Die drei Becher Sahne mit dem Sahnesteif schlagen und auf der Eierlikörschicht verteilen.
Zum Schluss wird darüber noch das Schokomüsli geschichtet.
Das Ganze am besten 1 Tag vorher ansetzen und im Kühlschrank aufbewahren.

BESONDERER HINWEIS FÜR OLDTIMER-CABRIO-FAHRER

Demjenigen, der sich eine Woche lang einer schönen Strapaze für Mensch und Fahrzeug aussetzen will, sei die Ralley „2000 km durch Deutschland" empfohlen, d. h. 2000 Kilometer und mehr, eine Woche lang ein intensiver Fahrspaß und eine sportliche Herausforderung.

Die Route der Oldtimer-Zuverlässigkeitsfahrt „2000 km durch Deutschland 2006" führte ein internationales Teilnehmerfeld auf landschaftlich reizvollen Nebenstrecken durch fast alle Bundesländer. Zahlreiche Rennstrecken wurden erfahren, und bei Gleichmäßigkeitsprüfungen ging es um wertvolle Sekunden.

Start und Ziel waren in Mönchengladbach, in der tollen Kulisse des Schlossparks in MG-Wickrath. Historische Städte und reizvolle Landschaften bildeten die Kulisse für den Auftritt der teilnehmenden Oldtimer.

Die Strecke führte im Süden bis nach Ulm, im Osten nach Leipzig und im Norden an die Ostsee nach Travemünde, von dort aus wieder in den Westen nach Mönchengladbach.

Tausende Zuschauer säumten die Strecke und feierten in den Städten die Teams. Ein eindrucksvolles Erlebnis!

2007 sind wir wieder dabei.

Adresse des Veranstalters:

2000 km durch Deutschland
Günter Krön
Erlenstraße 3
41844 Wegberg
E-Mail: info@2000kmdurchdeutschland.de

Streckenverlauf 2000 km durch Deutschland

Start in Mönchengladbach

Anfahrt einer Kontrollstelle

Der älteste Teilnehmer

Der kleinste Teilnehmer

APFEL-QUARK-TRIFFLE

750 g Äpfel
¼ l und 50 ml klarer Apfelsaft
115 g Zucker (65 g und 50 g)
½ Zitrone
½ Päckchen Vanillepudding
100 g Löffelbiskuits
50 ml Apfelkorn
375 g Magerquark
5 EL Milch
2 Päckchen Vanillezucker
200 g Sahne

Äpfel schälen, entkernen, würfeln und dann in einem Topf mit ¼ l Apfelsaft, 65 g Zucker und dem Saft einer halben Zitrone zugedeckt 5 Minuten dünsten.
Puddingpulver mit 50 ml Apfelsaft verrühren, ins kochende Kompott geben und aufkochen, dann auskühlen lassen.
Die Löffelbiskuits einmal durchbrechen, in eine Glasschüssel geben und mit Apfelkorn beträufeln.
Quark, Milch, Vanillezucker und 50 g Zucker verrühren.
Die Sahne steif schlagen und unterheben.
Den Kompott auf die Biskuits geben und dann die Quarkcreme darauf verteilen. Mindestens 1 Stunde kalt stellen.

Begrüßung in Traben-Trarbach

Panne in Travemünde, AvD-Helfer

Ankunft am ZIEL

Das „Road-runner-Team"

Sünde Pur

Eierpfannkuchen mit Rotweinsosse

Für die Soße:
¼ l Rotwein
1 Beutel Glühfix
6 EL Rohrzucker

Für die Pfannkuchen:
2 Eier
1 EL Zucker
1 Päckchen Vanillezucker
2 EL Mehl
4 EL Milch
1 EL Butter
0,02 l Grand Marnier

Den Rotwein in einem kleinen Topf zum Kochen bringen, vom Herd nehmen und den Beutel Glühfix 5 Minuten im Wein ziehen lassen.
Mit 6 Löffeln Rohrzucker den Wein unter ständigem Rühren wieder erhitzen und auf gut die Hälfte eindicken und dann erkalten lassen.
Falls die Konsistenz der Soße nach dem Erkalten zu fest ist, dann mit einem Schuss Rotwein oder einem Schuss Grand Marnier flüssiger machen.
Eigelb vom Eiweiß trennen. Die Eigelbe mit einem EL Zucker und einem Päckchen Vanillezucker schaumig rühren.
Dann 2 Esslöffel Mehl einrühren, 4 Esslöffel Milch hinzufügen und das Ganze auf höchster Stufe des Rührgeräts zu einem zähflüssigen Teig mischen.
Das Eiweiß zu Eischnee schlagen und unter den Teig heben.
Die Butter in der Pfanne erhitzen, den Teig hinzugeben und den Pfannkuchen von jeder Seite goldgelb backen.
Den Pfannkuchen in 6 gleiche Teile schneiden, mit der Soße begießen und warm servieren.

*Nichts bewegt einen besser
als der eigene Antrieb.*

Quelle: RP

Der Autor
Kurt van Wersch,

geboren 1947, Beruf: Diplomchemiker, Cheftechnologe bei einem Textilmaschinenhersteller in Mönchengladbach. In seiner Freizeit beschäftigt er sich neben dem Schreiben von Fachartikeln und seiner Tätigkeit als Hobbykoch vorrangig mit seinem Cabriolet, einem Panther Kallista Baujahr 1987, gemäß dem Motto: Etwas fahren, was nicht alle fahren (vom Panther Kallista 2,8 L wurden nur 751 Stück gebaut). Cabrio fahren und in netter Gesellschaft essen sind ihm wichtig. Gemeinsam mit seiner Familie und seinen Freunden vom CCW pflegt er aktiv das Vereinsleben im Cabrio Club Wegberg.

Alle Informationen und Hinweise ohne jede Gewähr und Haftung.

Es ist nicht gestattet, Abbildungen dieses Buches zu scannen, in PCs oder auf CDs zu speichern. Ebenso unzulässig ist die Veränderung oder Manipulation in PCs/Computern, es sei denn mit schriftlicher Genehmigung des Autors.

Layout: U.Cleuvers   Copyright: K.v.We. Script-Design

Bildnachweis:
AUDI AG , Seiten 12, 14, 16, 18, 20, 28, 30, 32
BMW AG , Seiten 11, 34, 36, 38, 40 u., 42, 46, 94
Daimler Chrysler AG , Seiten 48, 50, 52, 54, 56, 58, 60
PORSCHE AG , Seiten 76, 78, 80, 82
VOLKSWAGEN AG , Seiten 84, 86, 88, 90, 92
Panthera Art Design , Seiten 70, 72
N.Spelten , Seiten 40 o., 67 o.
K. van Wersch , Seiten 5, 9, 22, 24, 44, 62, 74, 98, 100, 104
Achim Krug, Düsseldorf, alle Food-Aufnahmen, Tiltelbild, Seite 26

Rezepte:
Böhm Chr. , Seite 79
Böhm M. , Seiten 23, 99
Pabst C. , Seiten 53, 55
Rötzel I. , Seite 95
Schüßler E. , Seite 81
Spelten C. , Seiten 21, 27
van Wersch C. , Seiten 17, 19, 29, 31, 33, 39, 43, 45, 49, 51, 73, 75, 89, 91, 93
van Wersch K. , Seiten 13, 15, 25, 35, 37, 41, 47, 57, 59, 61, 63, 71, 77, 83, 87, 104

ISBN: 978-3-00-021781-4